LE COUVENT

ET LA

CASERNE DES CÉLESTINS

Imprimerie de Pillet fils aîné, rue des Grands-Augustins, 7.

LE COUVENT

ET LA

CASERNE DES CÉLESTINS

PAR ALPHONSE BALLEYDIER

SE VEND AU PROFIT DES PAUVRES

ADOPTÉS PAR LA GARDE RÉPUBLICAINE

25 CENTIMES

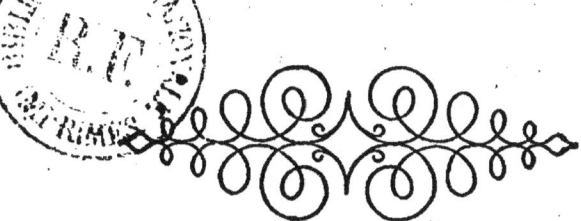

PARIS
CHEZ TOUS LES MARCHANDS DE NOUVEAUTÉS.

1849

LE COUVENT

ET

LA CASERNE DES CÉLESTINS.

I.

Il existe à Paris une rue peu connue et moins fréquentée encore, qui s'appelle la rue du Petit-Musc. Dans cette rue, il y a une caserne qui occupe une grande partie de l'ancien couvent des Célestins, dont elle a pris le nom. Cette caserne, aujourd'hui l'un des principaux quartiers de la garde républicaine, présente à l'archéologue et à l'historien des souvenirs précieux qu'un des premiers, peut-être, nous sommes heureux d'offrir à nos lecteurs.

Dans un combat acharné contre les infidèles, le roi saint Louis, voyant la victoire indécise, fit vœu de ramener en France six religieux de la Palestine si le Dieu des armées protégeait ses armes. Saint Louis, resté maître du champ de bataille, tint la parole qu'il avait donnée à Dieu : il choisit au Mont-Carmel six pieux cénobites, connus depuis sous le nom de carmes, appelés alors *barrés* en raison de leurs vastes manteaux noirs rayés de blanc, et les fit embarquer avec lui à bord du navire qui devait le ramener dans son royaume.

Quelques jours après son arrivée à Paris, le pieux monarque leur fit don d'un vaste terrain qui faisait partie du *Champ-au-Plâtre*. L'année suivante, ces religieux, résolus d'aller s'établir à la place Maubert, vendirent à un bourgeois de Paris, nommé Jacques Marcel, l'emplacement qu'ils tenaient de la munificence royale.

Cet emplacement était si merveilleusement situé sur les bords de la Seine, que les Parisiens l'avaient choisi pour leurs joyeux rendez-vous des dimanches et des fêtes. Jacques Marcel, voulant augmenter sa fortune, se disposa à profiter des faveurs de la mode pour transformer ses nouvelles propriétés en lieux de plaisirs ; mais, d'après les chroniques du temps, Dieu, qui avait miraculeusement protégé saint Louis en Palestine, en décida autrement.

Le riche bourgeois, dit une légende, avait une fille adorée, âgée de 17 ans, et belle comme les anges. Cette enfant, ange elle-même par les perfections du cœur et du visage, n'avait encore pour unique passion que celle que procurent, dans les chaudes journées de juin, les plaisirs de la rivière. Aussi la voyait-on chaque soir, alors que le soleil se couchait dans son lit de pourpre et d'or, s'exposer bravement au courant de la Seine dans une petite nacelle que son père lui avait achetée à Rouen.

Un jour, la nacelle rencontrant la queue d'un monstre marin qui avait remonté le fleuve depuis le Hâvre (la légende n'ose pas affirmer que ce monstre ne fût un dragon moitié poisson moitié oiseau), chavira sous les yeux de Jacques Marcel.

A la vue du danger que courait sa fille tant aimée, l'infortuné père promit à Dieu, s'il sauvait son enfant, de consacrer à son culte les lieux qu'il destinait aux plaisirs mondains. Alors on vit sortir du sein des eaux un magnifique palmier dont les branches libératrices abritèrent la naufragée jusqu'à ce que son ange gardien, déployant ses deux ailes d'azur, se dirigea vers elle et la ramena saine et sauve sur le rivage.

Le jour même, appelant un architecte de renom, et s'entourant d'un grand nombre d'ouvriers, Jacques Marcel, reconnaissant, jeta la première pierre de deux chapelles qu'il dota ensuite chacune de 20 livres de rente amorties. Le 1er janvier 1319, l'évêque de Paris en approuva l'acte de fondation.

Plus tard, Garnier Marcel, fils du riche bourgeois, devenu, par la mort de son père, l'unique héritier de ces deux pieuses fondations, en fit hommage aux Célestins par un contrat en date du 10 novembre 1352.

Touché de la piété de ces religieux, nommés Célestins parce qu'ils avaient été institués par le pape Célestin V, le roi Charles V ordonna la construction d'une nouvelle église, dont il posa la première pierre le 24 mars 1367. La fête de la consécration de cette église fut brillante et solennelle. L'archevêque de Sens, Guillaume de Melun, son consécrateur, lui fit don d'une statue en argent représentant saint Pierre. Le roi présenta à l'offrande une grande croix en vermeil, et la reine une statue de la Vierge également en argent doré, remarquable par la richesse du travail.

Les bienfaits de l'auguste monarque et ceux de sa royale compagne leur valurent le titre de fondateurs de ce saint monument. Plus tard, les secrétaires du roi créèrent dans cette église une confrérie, après avoir sollicité et obtenu l'honneur d'en être tous membres.

Dès-lors, les Célestins furent dotés d'immenses priviléges et d'indemnités considérables. Ils étaient exemptés de toutes contributions directes et indirectes, même des taxes auxquelles les autres membres du clergé étaient soumis. Dans des lettres marquées du sceau royal, et datées du 26 septembre 1413, Charles VI leur octroye une grande quantité de sel, les appelle « nos bien-aimés chapelains et orateurs en Dieu, les religieux, prieur et couvent de nostre prieuré et monastère de Notre-Dame-des-Célestins de Paris. » Indépendamment de ces faveurs qui leur suscitèrent un grand nombre d'envieux, les Célestins jouissaient d'une charge de secrétaire du roi.

Le cloître des Célestins, l'un des plus beaux de Paris, fut construit en 1539. Ses jardins spacieux et habilement dessinés, s'étendaient le long des murs de l'arsenal. Les Célestins vécurent en paix, dans le silence et la retraite jusqu'en 1779, époque à laquelle ils furent supprimés. Les Cordeliers les remplacèrent jusqu'au jour où les Céleslins rappelés reprirent possession de leur monastère qu'ils abandonnèrent définitivement en 1790. Leurs maisons devinrent alors un domaine national, et les bâtiments furent affectés à une caserne.

Etrange destinée des choses humaines ! l'épée de fer prit la place de la croix d'or, et le bruit des armes succéda au chant des saints cantiques.

II.

Ainsi que nous l'avons dit au commencement de cette notice, le couvent des Célestins, transformé en caserne, est devenu l'un des principaux quartiers de cette vaillante garde républicaine qui, aux heures du danger, a déployé tant de courage, et qui en ces temps de misère, fait preuve de tant de bienfaisance !

Un jour (la garde républicaine n'était pas ce qu'elle est aujourd'hui, un corps d'élite, composé en grande partie de vieux soldats, et commandée par un officier qui a greffé glorieusement son nom sur les plus belles pages de notre histoire d'Afrique (le colonel de Vernon) ; un jour, les gardes, qui s'appelaient alors Montagnards, recherchant un dépôt d'armes et de poudre que les gardes municipaux avaient caché, disait-on, avant d'abandonner leur quartier des Célestins, découvrirent dans une salle, connue sous le nom de *Salle des Morts*, un énorme cercueil de bois de chêne. Dans ce cercueil, ils trouvèrent une quantité considérable d'ossements humains symétriquement rangés, et tout auprès quatre autres cercueils en plomb merveilleusement soudés. Plus loin, à l'une des extrémités de la chambre des morts, il y avait un cœur de plomb renfermant un cœur d'homme, le cœur d'un enfant, plutôt, et plusieurs autres caisses de petite dimension contenant des entrailles.

Ces précieuses reliques d'un temps où, comme aujourd'hui, et comme ce sera toujours, l'égalité humaine n'était qu'un mot, même devant la mort, avaient été trouvées dans les décombres souterrains d'une des chapelles fondées en juin 1319 par le riche bourgeois Jacques Marcel.

En effet, l'histoire nous apprend que le couvent des Célestins, espèce de succursale de Saint-Denis, prêtait ses tombes aux illustres morts qui, sans être de lignée royale, avaient porté grand nom ou vaillante épée.

C'est dans les caveaux funéraires de ce couvent qu'un nombre considérable de princes et de princesses, de vaillants capitaines, de puissants seigneurs et de savants magistrats, est venu trouver dans le repos de la tombe un silencieux asile à l'abri des bruits et des agitations du monde.

Combien d'illustres et de hauts personnages dont la mort est encore un mystère pour l'historien, sont venus s'effacer là !

Parmi tous les fastueux mausolées de ces illustres trépassés que les cicérones du couvent des Célestins étalaient comme une leçon, comme un regret, comme une espérance peut-être, aux regards des vivants, on distinguait une simple tombe de marbre blanc, couronnée par une urne petite et noire plus modeste encore que la tombe. Cette urne, qui renfermait le cœur d'un enfant d'un duc de Valois, portait cette épitaphe :

Blandulus eximius pulcher dulcissimus infans
Deliciæ matris deliciœque patris.
Hic situs est teneris raptus Pulesius annis
Ut rosa quæ subitis imbribus icta cadit.

En 1790, cette urne et les autres monuments, ainsi que les ouvrages d'art renfermés dans l'église des Célestins, furent transférés dans le Musée Français. Que sont-ils devenus? Demandez-le aux hommes qui ont jeté au vent les cendres de Charles VII et de Duguesclin, de Turenne et de Louis XIV.

Les quatre cercueils de plomb, trouvés par les Montagnards de 1848, après avoir échappé au vandalisme civilisé du 18e siècle, ont été respectés, quoiqu'ils aient subi de nombreuses et fréquentes investigations.

Les premiers jours qu'ils furent découverts, ils offrirent aux regards quatre cadavres parfaitement conservés et embaumés avec un soin qu'envierait, sans aucun doute, le procédé Gannal.

L'un d'eux, et le premier qu'on ouvrit, contenait le corps d'un des six religieux amenés de la Palestine par saint Louis. Une croix était dessinée sur le couvercle en plomb du cercueil; une autre croix en argent était posée sur le suaire en toile qui servait de bandelettes au mort dont la tête, visiblement encore tonsurée, portait les insignes du sacerdoce. Ce cadavre, que nous avons respectueusement touché de nos mains et vu de nos regards, est tombé promptement en décomposition au contact de l'air.

Nous avons pieusement admiré dans le second cercueil la forme et les traits parfaitement conservés d'un corps et d'un visage de femme. Ses pieds petits, ornés encore de leurs ongles blancs comme du pur ivoire, avaient percé leur enveloppe de lin ; ses mains, modelées comme celles d'une statue grecque, se détachaient du corps et se reposaient le long des cuisses chastement recouvertes ; une bague d'or, une bague armoriée brillait à l'un de ses doigts ; cet anneau d'or a malheureusement disparu, il nous aurait éclairés sur l'identité de cette auguste morte, que nous présumons être une duchesse de Bourgogne. Des cheveux clairsemés ornaient un front blanc et uni et cachaient à moitié les cils de ces yeux fermés dans les étreintes de l'agonie.

Près de la grande et noble dame reposait, sous le troisième cercueil, le corps présumé d'un capitaine qui a donné à l'histoire l'un des plus grands et des plus beaux noms de la patrie, un nom illustré contre l'étranger dans les brillantes batailles du 15ᵉ siècle, illustré pour les plaisirs d'un roi malheureux sur les jeux de cartes, inventés à cette époque. En murmurant ce nom de Dunois, le synonyme de la vaillance française et le type de la beauté masculine, notre voix s'est émue, notre regard s'est attendri, et notre cœur, pieusement recueilli, s'est rappelé que l'intrépide lieutenant de Charles VII, le galant compagnon de Jeanne-d'Arc avait puissamment contribué à sauver la France de la domination anglaise.

Le comte Jean d'Orléans et de Dunois, fils naturel de Louis, duc d'Orléans et de la dame de Cany, remarquable par sa merveilleuse beauté, naquit le 23 novembre 1407. Il débuta glorieusement dans la carrière des armes par la défaite de Warwick et de Suffock qu'il poursuivit l'épée dans les reins jusque sous les murs de Paris. Plus tard il défendit bravement la ville de Rouen assiégée par une armée anglaise, et donna le temps à la pucelle d'Orléans de venir au secours de la cité normande attaquée par des troupes supérieures en nombre, sinon en bravoure. Un grand nombre de succès couronna la levée de ce siège fameux. Maître sur tous les points où les ennemis osaient mesurer leurs armes contre les siennes, le comte de Dunois leur donna le coup de grâce à Castillon, l'an 1451, après leur avoir successivement enlevé Blaye, Fronsac, Bordeaux et Bayonne.

Après Dieu et Jeanne d'Arc, Charles VII reconnaissait devoir son trône à l'épée de Dunois qu'il se plaisait à décorer du beau titre de restaurateur de la patrie. C'est en reconnaissance des immenses services qu'il en avait reçus qu'un jour, devant toute la cour assemblée, il lui confia la charge de grand chambe... de France, et lui donna en apanage le comté de Longueville.

Louis XI ne l'estima pas moins qu'il n'avait été apprécié de son royal prédécesseur. Le comte de Dunois entra, sous le règne de ce prince ombrageux, dans la fameuse ligue du *Bien public*, dont il fut l'âme par sa conduite, et le succès par son expérience. Aussi grand en présence de la mort qu'il l'avait été durant sa vie, le comte de Dunois emporta dans la tombe le glorieux surnom de second Duguesclin.

Un personnage non moins célèbre par un autre genre d'illustration dormait son dernier sommeil dans le quatrième cercueil. Nous n'oserions cependant, sans craindre de commettre une hérésie historique, lui donner le nom que semblent lui assurer de fortes présomptions. Nous nous contenterons de le hasarder en traçant rapidement l'esquisse biographique de François de Beaufort duc de Vendôme.

Fils de César, duc de Vendôme et de Françoise de Mercœur, notre personnage mystérieux naquit à Paris en l'an 1616. Intrépide et courageux par caractère autant que par les traditions de sa naissance, il se distingua à l'âge de 19 ans sur le champ de bataille d'Avein. Ensuite il se signala aux siéges de Corbie en 1636, de Hesdin en 1639, et d'Arras en 1640.

Plus tard et mieux ancré dans la vie, il voulut se faire une plus grande place dans les désordres surexcités par la régence d'Anne d'Autriche. Un instant même il crut pouvoir gouverner le royaume, quoique selon l'avis du cardinal de Retz, il ne fût pas plus en état de le faire que son valet de chambre.

Plus tard encore, accusé d'avoir attenté à la vie du cardinal Mazarin, il fut incarcéré au château de Vincennes, d'où il s'échappa cinq ans après, en

1648, pour se jeter à corps perdu dans la guerre de la Fronde, dont il fut le héros et le jouet.

C'est de lui que les frondeurs se servaient pour soulever la populace, dont il parlait l'argot et possédait toutes les sympathies. Il était grand, bien fait, adroit aux exercices du corps, infatigable et rempli d'audace. Ses allures grossières, modelées sur celles du populaire, lui firent une réputation de franchise en désaccord avec la ruse et l'artifice de son esprit étroit et borné.

Quoi qu'il en soit, le duc de Beaufort servit beaucoup les princes pendant la guerre civile, et il se signala en diverses occasions. Ce fut à cette époque que, parvenu à l'apogée de la faveur du peuple, il obtint le surnom de Roi des Halles.

Bientôt après il suivit l'exemple des mécontents qui s'étaient ralliés à la cour, et faisant sa paix, il obtint la survivance de la charge d'amiral de France, que son père possédait. Ensuite, il se rendit en Afrique pour partager les chances de l'entreprise de Gigéri, entreprise qui lui fut fatale; cependant, l'année suivante, en 1665, il remporta un avantage décisif sur les vaisseaux turcs dans les eaux de Tunis et d'Alger. En 1669, il fut nommé général en chef des troupes qui marchèrent contre les infidèles campés sous les murs de Candie. Sa valeur et son expérience retardèrent de trois mois la prise de cette ville.

Quelques historiens prétendent qu'il périt dans une sortie, le 25 juin de la même année. Néanmoins, cette assertion se trouve démentie par Lagrange-Chancel, qui assure, dans une lettre adressée à l'auteur de l'*Année littéraire*, que le duc de

Beaufort ne fut point tué au siége de Candie, mais qu'il fut transféré aux îles de Lerins, où l'on changea son nom contre le nom mystérieux de *Masque de fer*.

« Ces précieuses reliques des temps passés ne sont plus à la caserne des Célestins. La science les a enlevées au modeste réduit où la main des hommes les avait naguère reléguées; la science, de sa main profane, a remué les illustres morts dans leurs tombeaux; elle les a déshabillés de leurs suaires pour les interroger à nu, elle a troublé leur grand sommeil pour faire, d'une question sainte et pieuse, un problème d'art... Et puis, qu'a-t-elle fait, la présomptueuse, qui ose discuter les choses de Dieu? A-t-elle recouvert de leurs voiles de plomb les cadavres violés dans la sainteté de la tombe? Après avoir arraché leurs noms de l'oubli, leur a-t-elle rendu une sépulture grande, majestueuse et digne d'eux? A-t-elle songé que la place vide de Duguesclin, ou celle de Turenne, à Saint-Denis, attendit les restes du grand capitaine dont l'épée victorieuse avait sauvé Charles VII et la France? Non, la science sceptique, quand elle se réduit simplement à une question d'art, a voulu faire de l'histoire une leçon anatomique, et elle a transporté les dépouilles des illustres trépassés au musée du Jardin-des-Plantes. Profanation! le visiteur, le savant, le naturaliste enfin pourront voir à leur aise celle qui fut jadis la haute et puissante duchesse de Bourgogne servir aujourd'hui de pendant à la giraffe empaillée du cabinet d'histoire naturelle. Ils pourront embrasser du même regard le corps embaumé du comte de Dunois et l'enveloppe empaillée de l'ours Martin ! Impiété !

Aux illustres morts, il faut d'illustres tombes ; car la tombe est la dernière expression de la reconnaissance des peuples pour ceux qui, de leur vivant, ont dignement servi la patrie... Il appartenait à la science sceptique de notre époque de faire du musée du Jardin-des-Plantes une succursale de St-Denis.

III.

Depuis que la garde républicaine en a pris possession, la caserne des Célestins a été le théâtre d'un grand nombre d'événements bizarres et divers auxquels nous avons pris une part sinon directe, au moins expectative. Nous en avons même relaté quelques-uns dans notre *Histoire de la Garde républicaine, que nous recommanderions à nos lecteurs si notre réclamation ne devait pas avoir l'air d'une réclame.* (Elle est en vente chez M. Pillet fils ainé, 7, rue des Grands-Augustins.)

L'anecdote suivante comblera en quelque sorte les lacunes qui peuvent exister dans notre précédent travail, publié au mois de juillet.

On se rappelle qu'avant leur dernière réorganisation les compagnies de la garde républicaine à pied avaient adopté des noms divers et disctincts entre eux par les dénominations de : la *Lyonnaise*, la *Montagnarde*, la *Liberté*, la *Saint-Just*, etc., etc.

Un jour, la compagnie Saint-Just se trouvait de

garde au Palais-de-Justice, c'était au mois d'avril ; une soirée humide et froide avait succédé aux rafales et aux giboulées qui avaient fait de cette journée l'une des plus tristes de la saison. Les hommes de garde faisaient le cercle autour d'un poêle rouge de chaleur, et discutaient entre eux les événements politiques, ou bien ils faisaient de l'histoire à la manière pittoresque et colorée des troupiers... L'un racontait la part qu'il avait prise à la fuite précipitée de Louis-Philippe ; l'autre, la place qu'il avait plébéiennement occupée à la table royale des Tuileries, servie au moment de la fuite précitée ; celui-ci énumérait le nombre de municipaux qu'il avait envoyés *ad patres* ; celui-là le nombre de ceux qu'il avait préservés d'une mort certaine. C'était un feu roulant de saillies, de bons mots, de réflexions bizarres, de contrastes variés par l'esprit de l'enfant de Paris et le naturel sans-façon du vieux soldat.

Dans l'intervalle d'une salve d'éclats de rire et d'un silence mis à profit pour donner une énorme pâtée au poêle, qui de rouge devenait noir, le sergent, chef du poste, retirant sa main vide d'une de ses poches, s'écria : A propos de *blagues*, je m'aperçois qu'il n'y a plus rien dans la mienne. Holà ! citoyen tambour !

— Présent, sergent.
— Avance à l'ordre !

Et le citoyen tambour, un enfant de quinze années tout au plus, arrivant à l'appel de son chef, reçut une pièce de 10 centimes que le sergent lui remit pour aller l'échanger, au prochain bureau, contre du *caporal.*

Un quart-d'heure, vingt minutes même s'étaient écoulées depuis son départ, lorsque le tambour revint au corps-de-garde. Le sergent, impatienté par une si longue attente, frisait sa moustache de colère. — Méchant tapin, lui dit-il en faisant un geste approprié à la circonstance, si tu n'avais pas l'honneur d'être citoyen, je te logerais ma botte en garnison d'*hivernage* dans tes *poys-bas*...

— Mauvaise garnison, sergent, répondit l'enfant en portant la main *quelque part*, votre botte ne pourrait passer les frontières; regardez, elles ont, à cette heure, un cordon sanitaire. Malheureusement pour lui, la main du spirituel gamin qui servait de cordon sanitaire tenait encore la provision de tabac du sergent.—Tu veux donc me *chloroformer*, gredin? répliqua le sergent; et il lui allongea une taloche, que le *tapin* parvint à éviter en faisant le simulacre d'un plongeon.

— Doucement, tout beau, citoyen sergent, riposta l'enfant; écoutez le motif de mon retard, et si cela vous plaît, vous donnerez à votre botte une feuille de route. Voici la chose :

—Comme je sortais de chez la mère au *caporal*, une grande et belle brune déferrée d'un œil, j'aperçus au coin de la rue une jolie petite blonde blottie contre une borne, et portant sur son sein une espèce de petit paquet qui, de loin, me fit l'effet d'un manchon. Je m'approchai d'elle, et je vis que le manchon présumé était un petit moutard bien emmaillotté, et rouge comme notre poêle, mais rouge de froid. Le mioche *pleurnichait*, la mère pleurait, et moi j'étais tout ému.

—Ah! ça, ma petite mère, lui dis-je, qu'avez-vous donc à vous lamenter ainsi?

—Ce que j'ai, monsieur? me répondit-elle, j'ai froid et j'ai faim.

—Eh bien! il vous faut vite rentrer chez vous pour vous réchauffer et *casser une croûte.*

—Je n'ai plus de *chez nous.* Mon propriétaire m'a chassé de mon garni, et le boulanger ne me donne plus de pain.

—Mais vous ne pouvez pas rester ainsi exposée aux intempéries de la saison comme les oiseaux du bon Dieu... Vous avez bien quelque ami par le monde?

—La misère n'a pas d'amis, elle n'a que des indifférents.

— Vous vous trompez, ma petite mère; allons, du courage, ne pleurez pas ainsi et attendez-moi... Sergent, voici la cause de mon retard... et la pauvre femme m'attend là-bas.

Le récit du tambour avait ému tous les braves gardes; le tambour reprit:—Camarades, nous ne sommes pas riches, mais nous ne pouvons pas laisser cette jeune femme exposée à mourir de froid et de faim, elle et son enfant. Sergent, j'ai dix sous dans ma poche, les voilà! Les gardes républicains imitant son généreux exemple, et se cotisant entre eux, eurent bientôt recueilli une somme de 7 fr. 50 centimes; 7 fr. 50 centimes, c'était une fortune pour la malheureuse mère qui n'avait pas même l'abri des oiseaux du bon Dieu, pour la pauvre abandonnée qui avait froid et faim.

Le front serein et l'âme heureuse des joies que

procure toujours une bonne action, le tambour, interprète de la charité de ses camarades, rejoignit aussitôt la femme désolée dont l'espérance avait, pendant quelques instants, suspendu les larmes à moitié glacées aux cils de ses paupières.
— Tenez, ma petite mère, prenez ceci et suivez-moi, lui dit-il ; puis, la conduisant dans un hôtel garni du voisinage, il lui fit donner une petite chambre, lui fit servir, auprès d'un bon feu, de la soupe et du vin, et prit congé d'elle en lui promettant de revenir le lendemain à dix heures du matin, avant la descente de sa garde.

En effet, le lendemain, à six heures, exact au rendez-vous, le généreux enfant de Paris entra dans la chambre de sa protégée. Mais la chambre était déserte ; la malheureuse femme avait disparu ; l'enfant seul était resté, et dormait du sommeil des anges dans le lit de sa mère, de sa mère qui, après lui avoir donné son dernier baiser, avait attaché aux plis de ses langes un petit billet ainsi conçu :

« Généreux protecteur !

« Pardonnez-moi si je pars ainsi sans vous exprimer ma reconnaissance. Ne me condamnez pas surtout dans mes sentiments de mère. Il y a dans la vie de ces fatalités devant lesquelles le cœur le plus tendre se brise et la volonté la plus forte échoue. Mon enfant était le seul lien qui me rendait l'existence douce et facile, et cependant je dois le rompre dans l'intérêt de mes uniques affections. Je n'aurais jamais eu le courage de lui faire partager le malheur qui pèse dans ma vie.

« Ce qui me console un peu de cet abandon, qui, je l'espère, ne sera que momentané, c'est que j'emporte la douce espérance que vous n'abandonnerez pas l'innocente créature que je confie à votre générosité. Vous serez pour lui le père que la Providence lui aura envoyé dans sa miséricorde. Vous continuerez l'œuvre sainte que vous avez si bien commencée hier, et Dieu vous rendra au centuple les bénédictions de la mère.

« *Signé* : X.... »

P. S. Je désire que mon enfant soit baptisé le plus tôt possible.

Après avoir parcouru rapidement ce billet, qui révélait une âme d'élite et une instruction peu commune, le tambour prit le pauvre abandonné dans ses bras et déposa un tendre baiser sur son front.

Le petit orphelin, se réveillant sous ses caresses, lui adressa le gracieux sourire de l'alouette qui déploie ses ailes aux premiers rayons du soleil.—Pauvre enfant! s'écria le tambour en lui donnant un second baiser; par ta mère et au nom de la mienne, je jure de ne jamais t'abandonner! Alors, fier de son précieux dépôt, il reprit le chemin du corps-de-garde, où, quelques instants après, il fit une entrée triomphale aux acclamations de tous ses camarades. Il leur raconta en peu de mots la disparition de la mère, l'abandon de l'enfant, et leur montra, à l'appui, le petit billet qu'il avait serré sur sa poitrine.

— Le *mioche* est beau, dit le sergent en le prenant dans les bras du tambour, ce serait vraiment dommage de le mettre aux Enfants-Trouvés. Le corps-de-garde tout entier applaudit à ces paroles. — Qu'en ferons-nous cependant, reprit le sergent? — Vous me le confierez, répondit le tambour, mon prêt est assez fort pour suffire à notre existence à deux. — Le tapin est égoïste, répliqua l'un des gardes républicains, vieux troupier d'Afrique, il veut avoir à lui seul les honneurs de la paternité et apprendre *à papa* la manière de faire des enfants; non pas, citoyen tambour, il y a ici une bonne action, nous en voulons tous notre part. N'est-ce pas camarades?

La réponse affirmative ne se fit pas attendre ; elle fut unanime. Alors résumant la pensée de ses frères d'armes, le chef du poste reprit : — La compagnie Saint-Just servira de mère et donnera son nom à l'orphelin, la compagnie Saint-Just l'adopte aujourd'hui et l'adopte pour son enfant. La compagnie Saint-Just lui prêtera sa vivandière pour subvenir à ses besoins physiques. Le tapin de la compagnie Saint-Just lui donnera les *flats* et les *rats* les plus harmonieux de sa caisse pour récréer ses oreilles le jour et endormir son sommeil la nuit.

— Bravo! bravo! sergent! s'écria le corps-de-garde en masse, bravo! sergent, nous adoptons; il sera fait ainsi que vous l'avez dit.

En effet, quelques jours après, la compagnie Saint-Just, ratifiant ses promesses au pied des saints autels et prenant Dieu à témoin de la parole donnée à l'orphelin, se trouva tout entière dans l'église de Saint-Paul, et l'enfant y reçut le baptême sous les noms de Louis-Joseph-Célestin-St-Just.

La compagnie se réunit de nouveau le soir pour s'asseoir fraternellement à la table d'un brillant banquet, et fêter le verre à la main la réception officielle du nouveau membre de la famille de la garde républicaine. Depuis ce jour-là, le petit Saint-Just n'a cessé de recevoir les soins les plus assidus de sa *bonne mère*, la compagnie St-Just, devenue, depuis la réorganisation de la garde, la 4ᵉ compagnie du 2ᵉ bataillon.

Cette compagnie, commandée par l'un des plus braves officiers de l'armée d'Afrique, par un des plus beaux types de l'honneur militaire, le capitaine Bidon, a tenu toutes les promesses du programme rédigé par la charité au corps-de-garde du Palais-de-Justice, et consacré par la religion dans l'église Saint-Paul.

Chaque mois, les gardes de la 2ᵉ compagnie prélèvent sur leur prêt la dîme paternelle et la remettent au sergent-major Farey. Ce digne sous-officier a confié à son excellente femme la surveillance immédiate de l'enfant mis en nourrice à Choisy-le-Roi.

Mme Farey a pris en grande affection l'enfant de la garde républicaine, qu'elle regarde comme le sien propre. Chaque semaine elle fait le voyage de Choisy-le-Roi pour porter au petit St-Just les caresses de la mère et les douceurs aimées des enfants.

Un jour, l'enfant deviendra un homme, et cet

homme, digne de ses pères adoptifs, fournira un bon citoyen à la patrie...

C'est à la Caserne des Célestins que le colonel Edouard de Vernon, de retour en France après dix-sept années passées glorieusement sur tous les champs de combats de l'Afrique, a consacré ses jours et ses veilles à la réorganisation d'abord, puis à la moralisation du beau corps dont le gouvernement vient de lui confier le commandement en reconnaissance de ses bons, de ses nombreux et loyaux services.

C'est aux Célestins que ce brave officier parmi les plus braves s'est délassé, pendant plusieurs mois, des sollicitudes militaires en reposant son cœur dans l'exercice d'une charité incessante et vraiment apostolique. Combien de beaux traits, combien de généreuses actions enfouies dans les secrets de sa belle âme nous pourrions révéler, si nous n'avions crainte de nous faire une ennemie de sa modestie !

Nous croyons devoir, cependant, reproduire le magnifique ordre du jour qu'il a adressé le 17 décembre à la garde républicaine. Les succès qu'il a obtenus non-seulement en France, mais encore à l'étranger, les résultats qu'il a produits, complèteront l'esquisse que nous livrons aux hommes chargés de préparer des matériaux à l'histoire.

ORDRE DU JOUR.

Officiers, sous-officiers et soldats,

Nous touchons aux plus mauvais jours de l'hiver. La misère, activée par le chômage des boutiques et des ateliers, engendre des souffrances d'autant plus vives qu'elles sont plus mystérieuses et plus cachées.

C'est à vous qu'il appartient d'aller au-devant d'elles pour les découvrir et les consoler.

Braves soldats! écoutez la voix de votre cœur, dont je me fais l'écho en ce moment; elle s'adresse à vos sympathies pour le malheur de vos frères! Vous n'y serez point insensibles, car je connais votre générosité, elle est au niveau de votre courage! Cotisez-vous, prélevez sur votre prêt la dîme de charité; conviez la bienfaisance au seuil de vos casernes; ouvrez dans vos quartiers des salles où les pauvres, où les malheureux travailleurs sans ouvrage et sans ressources pourront trouver un abri contre les atteintes du froid, contre les angoisses de la faim.

De tout temps, la charité fut la vertu du soldat. La charité, gardes républicains! c'est la sœur du courage, c'est la fille de l'humanité.

Vous avez été braves, vous serez généreux, et votre colonel, si fier de vous commander, vous en remercie d'avance, au nom de la patrie reconnaissante, en vous rappelant cette belle parole du poëte:

Qui donne aux pauvres prête à Dieu.

La voix du colonel de Vernon n'a point retenti en vain dans le désert dont parle l'Ecriture-Sainte, et figuré de nos jours par l'égoïsme de notre triste époque. Son noble appel a été entendu. La garde républicaine, émue des généreuses paroles qu'on adressait à son âme, s'est mise à l'œuvre. Le jour même, des commissions se sont formées dans les divers quartiers qu'elle occupe, et le lendemain elles ont fonctionné.

Aujourd'hui la magnifique pensée du colonel de Vernon, partagée par ses nobles compagnons d'armes, a reçu sa complète réalisation. Des pauvres nombreux, des familles indigentes, des ménages de vieillards sans ressources trouvent chaque jour dans les casernes de la garde républicaine le pain quotidien de la bienfaisance.

Ce n'est pas tout : des gardes, généreux apôtres de charité, se sont dispersés dans les environs de leurs quartiers, ils ont fait des *visites domiciliaires* dans les plus tristes réduits pour y découvrir les misères timides qui se cachent au grand jour et qui, s'insurgeant contre la publicité, lui préfèrent l'agonie des souffrances muettes. Hélas ! que de tristes tableaux ont apparu à leurs regards ! Alors, sublimes de dévouement et d'abnégation, on a vu ces gardes s'imposer des privations nouvelles, au point de prendre leur part des douleurs qu'ils ne pouvaient entièrement soulager. On les a vus remplacer par des litières fraîches, artistement rangées en forme de nattes africaines, la paille humide et brisée qui servait de grabats aux malheureux qui luttaient en vain contre le froid de leurs greniers; on en a vu quelques-uns même se dépouiller de leurs vêtemens bourgeois pour les déposer pieusement sur l'autel de la bienfaisance.

Combien de tristesses mystérieuses ont été consolées ! combien de larmes ont été taries ! combien de désespoirs ont été consolés par eux !

C'est bien, braves soldats ! votre colonel avait raison quand il vous disait qu'il connaissait votre belle âme ! Magnanimes dans les jours difficiles de nos tristes épreuves, vous avez été sublimes à l'heure de la charité. C'est bien, braves soldats ! les pauvres vous béniront, la patrie vous remerciera, et Dieu vous tiendra compte de vos immenses sacrifices.

La voix du colonel de Vernon ne s'est pas renfermée dans les limites étroites de ses casernes. Répétée par les mille voix de la presse, elle a quitté Paris, la grande capitale, elle s'est rendue en province, elle a parcouru les villes et les campagnes, elle est allée frapper au cœur le *dolce far niente* des riches et des heureux de ce monde, elle les a conviés à l'œuvre sainte de l'humanité, et les portes des vieux châteaux se sont ouvertes pour laisser passer l'offrande destinée aux pauvres de la garde républicaine.

Nous regrettons que les limites imposées à notre travail ne nous permettent pas de mettre sous les yeux de nos lectrices les missives pleines de cœur et d'esprit que l'esprit et le cœur ont adressées au chef de la garde républicaine. Nous le regrettons d'autant plus que ces lettres, datées de plusieurs belles habitations, et signées de plusieurs beaux noms de la France, serviraient d'exemple à ces femmes d'élite qui font de leur vie un poëme incessant de bonnes actions.

Nous nous consolons cependant en pensant que leur modestie appréciera notre discrétion. Sûres d'elle, nos riches et bienfaisantes lectrices n'hésiteront pas à se faire patronesses d'une œuvre qui est aujourd'hui un rendez-vous donné par la bienfaisance à la fashion. La charité a toujours été la marque distinctive de la noblesse, et nous défions *Février*, qui a eu peur des nobles blasons, de détruire l'une de leurs plus belles devises : *Noblesse oblige*.

Nous terminerons ce petit travail en suppliant nos lectrices de nous permettre de leur réciter les quelques vers que l'ordre du jour du colonel de Vernon nous a inspirés. Ils n'ont d'autre mérite que celui d'être adressés à l'un de nos plus braves officiers, et d'être mis en musique par l'un de nos meilleurs maëstri, dont les nombreuses et suaves mélodies obtiennent toujours un succès mérité (1).

AU COLONEL ÉDOUARD DE VERNON.

Permets, mon colonel, à ma voix de poète
De se faire aujourd'hui la timide interprète
    Du cœur de tes enfants.
Quand ton ordre du jour, les trouvant sous les armes,
Aux cils de leur paupière a suspendu des larmes,
    Ils ont tous dit : Présents !

---

(1) Ces vers ont été mis en musique par M. A. Devillebichot, l'auteur distingué de : *Restons amis*, *Simple bergère*, *Unissons-nous*, *la Voix du torrent*, *Heureux petits oiseaux*, etc., etc. On les trouve boulevard Montmartre, 18, chez l'éditeur, Monnier F. Gauvin, qui continue une bonne action en vendant une délicieuse mélodie au profit des *pauvres* de la garde républicaine.

Présents au noble appel de la noble pensée
Qui, jaillissant hier en suave rosée
   De ton généreux cœur,
N'a trouvé qu'un écho dans le sein de la garde
Que la France verra toujours à l'avant-garde,
   Au chemin de l'honneur.

Présents! pour consoler le malheureux qui pleure;
Présents! pour consoler celui dont la demeure
   Est celle des oiseaux;
Présents! contre le froid et la faim qui torturent;
Présents! pour arrêter les regards qui mesurent
   Le pont et puis les flots.

Présents! pour apaiser la plainte de la rue,
Où la douleur du pauvre, à la poitrine nue,
   Implore un peu de pain;
Présents! pour découvrir la secrète souffrance
Qui se cache le jour, et pour qui l'espérance
   N'a pas de lendemain.

. . . .
. . . .

C'est ainsi qu'ils ont dit : et mêlant à la tienne
Leur voix céleste, écho de charité chrétienne,
   Ils ont fait, colonel,
De leurs divers quartiers des abris tutélaires
Où, consolés par eux, des malheureux, nos frères,
   Ont cru trouver le ciel.

C'est bien, mon colonel, très-bien! La France entière
A prononcé ton nom, ainsi qu'une prière,
   En le lisant au bas
Du bel ordre du jour que l'Europe répète :
Qui donne aux malheureux, à Jésus-Christ il prête!
   Dieu ne t'oubliera pas.

Ouvrages du même auteur :

Histoire politique et militaire du peuple de Lyon *pendant la Révolution française.* 3 volumes gr. in-8° illustrés............ 30 fr.

Histoire de la Garde Mobile. 1 joli vol. in-18. 50 c.
Chez *Pillet fils aîné*, rue des Grands-Augustins, 7.

Histoire de la Garde Républicaine. 1 joli volume in-8° avec gravures. Prix............ 2 fr.
Chez *Martinon*, rue du Coq-Saint-Honoré.

Rome et Pie IX, 1 volume in-8°......... 6 fr.

Turin et Charles-Albert, 1 vol. in-8° illustré. 6 fr.
Chez *Plon frères*, 36, rue de Vaugirard.

Les Bords du Rhône, 1 vol. in-8° illustré... 7 fr.
Les Nouvelles lyonnaises, 1 vol. in-8°.... 5 fr.
Chez *Maison*, éditeur, 5, rue Christine.

www.ingramcontent.com/pod-product-compliance
Lightning Source LLC
Chambersburg PA
CBHW060913050426
42453CB00010B/1702